ORAISON FUNÈBRE

DU

R. P. H.-D. LACORDAIRE

PAR M. L'ABBÉ DUMAS,

Chanoine-Archiprêtre de la Cathédrale de Pamiers.

Quam magnus qui invenit sapientiam et scientiam, sed non super timentem Dominum.   *(Eccl. 5.)*

Que celui-là est grand qui a su trouver la sagesse et la science! mais il n'est pas au-dessus de celui qui craint le Seigneur.

SE VEND

AU PROFIT DU COUVENT DE MAZÈRES :

A PAMIERS, chez FUZÉRÉ, libraire;

A PARIS	A TOULOUSE
Chez J. LECOFFRE et C.ie,	Chez Charles DOULADOURE,
Rue du Vieux-Colombier, 29.	Rue Saint-Rome, 39.

1863.

PROPRIÉTÉ.

Pamiers, T. Vergé, imprimeur de l'Évêché.

ORAISON FUNÈBRE

DU

R. P. H.-D. LACORDAIRE.

Monseigneur (*),

Quelles que soient les réserves que j'ai dû faire en
acceptant l'honneur de porter la parole dans cette circons-
tance si solennelle, j'ai vivement senti la pesanteur du
fardeau que je me suis laissé imposer. Encouragé d'abord
par la bienveillante indulgence de ceux qui ont daigné
penser à moi pour une tâche si difficile; sollicité d'ailleurs
au-dedans de moi-même, ou plutôt aveuglé par le désir
de rendre un dernier hommage à une mémoire que de
vieux souvenirs me font si chère, je n'ai pas assez tôt
compris que je pouvais et que je devais résister aux ins-
tances qui m'étaient faites. Vous pardonnerez, mes frères,
à l'imprudence d'un ami qui a pu croire un moment

(*) Cette Oraison funèbre a été prononcée dans la chapelle des Religieux Dominicains, à Mazères (Ariége), à l'occasion d'un service anni-
versaire célébré pour l'illustre défunt et présidé par Mgr Bélaval, évêque
de Pamiers.

que, pour parler convenablement de son ami, il suffit de le bien connaître et de professer pour lui la plus vive admiration.

L'histoire des grands hommes, et, par conséquent aussi, leur éloge, doit embrasser, en même temps, les grandes œuvres qu'ils ont accomplies et les qualités qui ont illustré leur vie. Le récit d'une vie pure et sainte, si touchant qu'il fût, ne saurait être tout l'éloge de saint Vincent-de-Paule, pas plus que la glorification seule des œuvres de bienfaisance qu'il a fondées. Il y a dans l'Eglise de grands saints qui n'ont laissé après eux que le souvenir et le parfum des vertus pratiquées dans l'ombre d'un monastère, ou dans le sanctuaire étroit de la plus humble bourgade. Il y a eu, dans le monde, de très grands génies dont la vie est faite pour humilier la nature humaine, et qui offrent des œuvres immortelles à l'admiration de la postérité. Lorsqu'un homme a réuni dans sa personne le mérite de très grandes œuvres et le mérite d'une vie qui honore l'humanité, pourquoi ne pas poser sur sa tête la double couronne qu'on décerne à la double royauté du génie et de la vertu !

Je me propose, mes Frères, de vous montrer Henri-Dominique Lacordaire ceint de cette double couronne. Si ses œuvres révèlent un grand génie, si elles accusent une haute intelligence et une profonde sagesse, sa vie tout entière révèle un grand saint, un homme qui a marché dans la crainte du Seigneur. *Quam magnus qui invenit sapientiam et scientiam, sed non super timentem Dominum.* Il n'est rien dans cette existence qui ne présente un caractère de grandeur ; rien, pas même les exagérations de doctrine dans lesquelles, en dehors de la foi, il aurait pu être entraîné.

Henri-Dominique Lacordaire grand par ses œuvres : Henri-Dominique Lacordaire grand par sa vie : tel est donc, mes Frères, le sujet de ce discours.

Qu'un homme conçoive des œuvres d'une haute importance, qu'il en poursuive l'exécution avec une constante intrépidité, et qu'il arrive au succès, malgré les difficultés sans nombre qu'il lui faut surmonter, chacun de vous dira que cet homme se montre grand par ses œuvres. Je puis affirmer, mes Frères, que cet homme c'est le R. P. Lacordaire accomplissant l'œuvre des conférences de Notre-Dame, et rétablissant, en France, l'ordre des Frères prêcheurs.

On pressentit de bonne heure le succès prodigieux que devaient un jour obtenir les prédications du P. Lacordaire. Il était encore sur les bancs de l'école, lorsque, selon un louable usage, le prédicateur fit son premier essai en présence seulement de ses maîtres et de ses condisciples. L'impression produite par ce discours ne s'est jamais effacée de ma mémoire. Déjà se révélèrent en lui ces puissantes facultés de l'orateur chrétien qui devaient un jour étonner et séduire la jeunesse du xixe siècle. La jeunesse cléricale qui l'entourait et qui l'écoutait fut saisie d'un enthousiasme universel ; et, je n'en saurais douter, aucun de ceux qui eurent le plaisir de l'entendre, à ce début, dans l'enceinte d'un séminaire, n'a été surpris de l'éclat avec lequel il parut, bientôt après, sur cette chaire qu'il a rendue la première chaire du monde.

Déjà aussi, hâtons-nous de le dire, se montrait dans cette âme profondément convaincue, l'irrésistible besoin de communiquer à d'autres âmes, avec le bienfait de ses convictions, celui des ineffables consolations qui les accompagnent.

Aussi, malgré ce qu'il y avait d'insolite et de hardi dans cette parole étincelante, chacun de nous bénissait Dieu de ce qu'il préparait à son Eglise un intrépide défenseur, un saint Apôtre merveilleusement façonné pour les besoins de la société de nos jours.

En ce moment, le siége de Paris était occupé par un de ces hommes qui joignent aux vertus du Pontife et au zèle du Pasteur, cet esprit d'appréciation qui sait découvrir le vrai mérite, et cette fermeté de caractère que réclame une grande et difficile entreprise. L'abbé Lacordaire, presque encore néophyte dans les rangs du Sacerdoce, fut l'homme d'une des plus grandes œuvres fondées par Monseigneur de Quélen. La pénétration et la rectitude de son esprit, sa précoce habileté dans la science théologique, non moins que les richesses de son imagination et l'originalité de son éloquence, lui valurent de prendre possession de cette chaire des conférences, autour de laquelle se pressèrent à l'envi des flots d'auditeurs appartenant aux classes les plus intelligentes et les plus cultivées.

Nul ne saurait dire l'importance et les effets de cette institution si opportune, si nécessaire.

Le XVIIIe siècle nous avait légué, avec ses désolantes doctrines, non peut-être cet esprit railleur et impie qui le caractérisait, mais quelque chose de plus désastreux encore et qui en était le triste fruit : le mépris et l'insouciance pour tout ce qui s'élève au-dessus du monde présent. A la suite de la catastrophe sociale qui avait créé en France tant de ruines, et, à la faveur des immenses lacunes qu'elle avait faites au sein du clergé catholique, la génération nouvelle avait été élevée dans les principes d'une philosophie matérialiste, sans qu'il eût été possible à l'Eglise d'opposer à un effroyable diffusion de préjugés anti-religieux et d'erreurs philosophiques, le contre-poids salutaire de l'enseignement chrétien.

Il est vrai que, dès les premières années de notre siècle, l'école spiritualiste faisait une éclatante justice des doctrines matérialistes, et qu'un moment on put croire qu'une philosophie, vraiment digne de ce nom, allait venir en aide à la foi, pour le travail de régénération qui devait préserver la société d'une destruction totale; mais, hélas! si, dans ses nobles aspirations, l'école spiritualiste invoquait avec celui de Platon, les noms immortels de Mallebranche, de Fénélon et de Bossuet, comme représentant le véritable esprit philosophique, elle ne sut pas se défendre contre les tentations de l'orgueil, qui, la portant à exalter outre mesure la puissance et les droits de la philosophie, lui firent méconnaître les droits bien autrement incontestables de la révélation : et elle se montra, comme l'on sait, un adversaire obstiné de cette foi religieuse dont elle aurait dû être un puissant auxiliaire.

Tandis qu'elle régnait en souveraine dans toutes ses chaires de philosophie, et que, dans des publications quotidiennes, elle annonçait hautement la prétention de remplacer le Christianisme, l'abbé Lacordaire commençait à Notre-Dame cette suite de Conférences qui produisirent, dès le début, un immense effet, et qui, en se perpétuant par l'organe des Ravignan, des Plantier et des P. Félix, peuvent à bon droit, être considérées comme le plus beau monument élevé, dans ce siècle, à la gloire du Christianisme et de l'Eglise catholique.

La part du R. P. Lacordaire est large dans ce monument chrétien. Non-seulement il en a posé les fondements avec une profondeur et une solidité qui les garantissent de la destruction, mais on lui doit encore les premières assises qui se montrent aux regards du spectateur et qui annoncent déjà l'élévation, la splendeur et la magnificence de l'édifice.

Voyez comme il a été bien inspiré, lorsqu'il a fixé le genre de prédication qui devait être le caractère propre des conférences. Les anciens du sanctuaire purent un instant s'effrayer et s'alarmer de ce langage à moitié philosophique, à moitié religieux, transporté dans la chaire chrétienne; mais on ne tarda pas à reconnaître que la situation des esprits autorisait et commandait cette sorte de dérogation à des usages respectables dont on ne s'écartait qu'à regret. Tous les Conférenciers de Notre-Dame ont compris, comme l'aîné d'entr'eux, que, pour répondre à des besoins nouveaux, ils devaient sortir des limites autrefois imposées à l'orateur chrétien, et ils n'ont pas

craint de recourir, eux aussi, au langage de la philosophie, pour lutter contre les préjugés et les prétentions de
l'esprit sceptique qui menaçait de tout envahir.

Préparation évangélique, Démonstration évangélique :
tels sont les titres de deux ouvrages célèbres écrits par un
apologiste des premiers siècles qui se trouvait en présence
d'une société qu'il fallait rendre chrétienne, de païenne et
d'incrédule qu'elle était. Les conférences de nos grands
orateurs ont dû avoir le même but. L'incrédulité et des
mœurs païennes tendaient à gagner le XIXe siècle; il fallait
donc le *préparer* à accepter la vérité et la vertu; et puis,
les lui montrer, l'une et l'autre entourées de cet éclat et
de cette beauté qui ravissent jusqu'à l'enthousiasme.

Ainsi ont procédé le R. P. Lacordaire et ses dignes
successeurs.

La foi chrétienne, l'Eglise catholique en particulier,
inspirait une véritable répulsion à quiconque s'était laissé
prendre d'admiration pour une philosophie qui ne relève
que d'elle-même, et qui prétend n'admettre d'autres vérités
que celles qu'elle peut atteindre.

Dans son discours d'ouverture, l'abbé Lacordaire se
met en face de l'objection rationaliste, en face aussi des
prétentions de la raison, voulant être elle-même la source
et la règle de la vérité. On se rappelle le langage triom-
phant et dédaigneux de la philosophie et du dernier de
ses adeptes, à l'endroit d'une religion qui impose ses
dogmes, et qui exerce ainsi sur l'homme, comme ils
disaient, la plus odieuse des tyrannies. Cette religion ne
devait pas résister aux lumières du XIXe siècle, pas plus

qu'aux brûlantes aspirations qui entraînaient la société nouvelle à la conquête de toutes ses libertés. Enfants soumis et dévoués de la sainte Eglise de Jésus-Christ, ne craignez pas. Non-seulement cette Eglise subsistera dans le monde jusqu'à la fin des temps, selon les promesses divines, mais elle aura en France des défenseurs capables de modérer l'orgueil et l'arrogance de ses nouveaux ennemis. Entendez l'abbé Henri Lacordaire leur démontrant, à ces prôneurs de libertés, à ces prétendus émancipateurs de la pensée, à ces téméraires divinisateurs de la raison de l'homme, que l'homme est essentiellement un être enseigné, et qu'ainsi, le seul moyen de lui donner la liberté, d'émanciper sa raison et de la diviniser, c'est de le soustraire au joug humiliant des enseignements de l'homme si variables et si contradictoires, pour le placer, comme fait l'Eglise, sous l'autorité de l'enseignement divin. [7]

Le succès de ce discours annonça le succès de l'institution qui se fondait en ce jour. A la fin de la station quadragésimale, le saint Archevêque, témoin de l'impression produite sur les dix mille auditeurs qui l'entourent, et pénétré lui-même de la plus vive admiration, s'élève au milieu de cette assemblée d'élite, pour dire la consolation qu'éprouve son cœur d'Evêque, pour célébrer le bienfait divin accordé à son Eglise, et pour bénir avec effusion cet immense auditoire saisi d'un frémissement visible qui pouvait être, chez un grand nombre, le présage d'un prochain retour à la foi.

Il ne saurait entrer dans mon dessein, mes Frères,

de parcourir en détail, ou même de mentionner chacune
de ces œuvres de ravissante dialectique, où l'orateur
s'élève à de si hautes considérations, tout en revêtant sa
pensée d'une forme incomparable, et en conservant à son
argumentation l'enchaînement et la vigueur de la plus
sévère logique. Mais il est juste de dire, et de dire bien
haut, que, dans ses soixante-dix-neuf conférences sur la
Religion, le P. Lacordaire a pu, sans s'écarter de son
sujet ni de son but, toucher à toutes les questions sociales
qui agitent le monde, qu'il a fait ressortir l'impuissance
de la raison humaine et des efforts humains à satisfaire
les aspirations les plus légitimes, et qu'en exposant la sublime doctrine du Christianisme, il l'a montrée, malgré
ses divines obscurités, portant la lumière au sein des té-
nèbres, fournissant de précieux éléments de solution pour
les grands problèmes de l'humanité, et, apportant au
moins le calme dans les esprits et la consolation dans les
cœurs, lorsqu'elle ne s'est pas suffisamment développée
au milieu des peuples, pour y répandre tous les biens
qu'elle est appelée à leur donner.

Il est juste de dire encore qu'un très sensible effet des
Conférences de Notre-Dame a été le respect qu'on a depuis
accordé à la parole évangélique imposée par l'Eglise. Ceux-
là même qui, de parti pris, s'obstinent à en nier la di-
vinité et se refusent à examiner ses titres, confessent in-
génument qu'elle a droit à autre chose qu'à du dédain
ou de la pitié; et, peu s'en faut qu'en la considérant seulement comme une doctrine purement humaine, ils n'aient
déjà reconnu qu'il faut la placer au-dessus de toutes les

autres conceptions de l'homme, de tous les systèmes philosophiques et sociaux.

Gardez-vous de penser, mes Frères, que c'est là tout le fruit qu'ont porté les Conférences de Notre-Dame. La grâce divine a bien autrement béni la parole de nos grands prédicateurs. Depuis bientôt trente ans qu'a été dressée et si magnifiquement inaugurée la chaire du haut de laquelle des flots de lumière et d'éloquence se distribuent à la France et au monde, un spectacle, ravissant pour la terre comme l'est pour le ciel le concert des élus chantant l'immortel *Hosanna*, est offert, tous les ans, à la piété chrétienne, en l'immense basilique. Le jour où l'Eglise célèbre la fête de la Résurrection de Jésus-Christ, ces milliers d'auditeurs qui viennent de toutes les académies et de toutes les écoles de la science, des grands corps de l'Etat et de tous les rangs de la magistrature, de l'armée et de l'industrie, s'ébranlant comme un seul homme, s'avancent, ainsi confondus, avec une noble et majestueuse simplicité, vers le sanctuaire où se distribue un pain plus délicieux encore que celui de la divine parole, et participent à cette nourriture eucharistique qu'ils savent être un gage de résurrection et d'immortalité : *Qui manducat hunc panem, vivet in æternum* (1). Quel triomphe pour la foi !

Mais aussi de quelle puissance de conviction et d'entraînement ne sont-ils pas doués ceux qui ont reçu plus particulièrement la mission de redresser et d'instruire les esprits de notre temps !

(1) Evang. s. Joannis, 6.

Considérez seulement l'œuvre de l'un d'entr'eux. Il faut lire, mes Frères, ces chefs-d'œuvre vraiment impérissables du P. Lacordaire. En présence d'un corps de doctrine si majestueux dans son étendue, et si admirablement coordonné dans un plan conçu par le génie, d'une exposition à la fois si profonde et si simple, si riche de langage et si féconde en conceptions originales, portant dans l'intelligence les illuminations les plus inespérées, on n'hésite pas à placer cette ravissante apologétique à côté des chefs-d'œuvre d'éloquence et de dialectique, enfantés par les plus beaux siècles du Christianisme.

Permettez-moi, mes Frères, de vous donner une idée, toute pâle qu'elle soit, de la marche suivie par ce nouvel apologiste de la Religion.

Tandis que ses prédécesseurs mettaient Dieu au commencement sous la protection d'une profonde métaphysique, et de là redescendaient au peuple Juif pour arriver au Christ et à l'Eglise, fondée par lui, le P. Lacordaire ouvre la démonstration du Christianisme par l'Eglise elle-même. Il *prend pied sur le sol même de la réalité vivante et va y chercher les traces de Dieu.* Il montre la nécessité de l'Eglise, la loi de ses rapports avec le monde, les caractères généraux de sa doctrine, son influence sur l'esprit, sur l'âme, sur la société : *et, à chaque point qu'il touche, pour le faire résonner comme la statue de Memnon sous les coups de la lumière,* voici qui n'est pas de l'homme, dit-il, voici qui est de Dieu : *Deus, ecce Deus.* (1).

____

(1) Conférences de Notre-Dame. Passim.

Mais ce phénomène qui est le plus grand phénomène qui se soit naturalisé dans le monde, quelle en est la cause première? Qui a fondé l'Eglise, cette société dominatrice des esprits par la certitude, régulatrice des âmes par les plus hautes vertus, bienfaitrice du genre humain par les éléments nouveaux qu'elle a fournis à la civilisation? En nommant Jésus-Christ, dit-il, je ne suis que l'écho tardif de tous les siècles et de tous les esprits.

Il se met alors à étudier Jésus-Christ, dans sa vie intime et dans sa vie publique, dans ses miracles, dans les prophéties séculaires qui avaient annoncé et préparé sa venue; et de cette ravissante étude il résulte que Jésus-Christ est le seul qui ait osé se dire Dieu, qui ait parlé, agi, vécu en Dieu.

Cela fait, l'œuvre et l'ouvrier reconnus divins, il entre hardiment dans les entrailles du dogme révélé par Jésus-Christ, interprété par l'Eglise; et, suivant pas à pas le mystère obscur et lumineux de la doctrine, il en visite toutes les profondeurs, Dieu, l'univers, le commerce de l'homme avec Dieu, la chute de l'humanité, sa réparation, les lois et les résultats du gouvernement divin.

Je m'arrête, mes Frères; il est des bornes que je ne dois pas dépasser. Je ne céderai donc pas à l'envie, si légitime qu'elle soit, de citer quelques-unes de ces immortelles pages qui existent dans la composition de cette œuvre. Vous avez aperçu le vestibule et la charpente toute nue de ce temple resplendissant de lumière, où l'on voit presque la beauté des Cieux; puissé-je avoir fait naître en vous le désir d'y pénétrer et d'en contempler en détail les merveilles. C'est alors surtout que vous reconnaîtriez, mes Frères, combien nous sommes en droit de dire que le P. Henri-Dominique Lacordaire est grand par ses œuvres, par cette œuvre du moins des Conférences de Notre-Dame, au succès de laquelle il a si puissamment concouru et que Dieu ne laissera pas périr.

Instrument visible de la Providence dans un siècle qu'il aimait, malgré ses égarements, l'abbé Lacordaire conçut un dessein plus important encore et surtout plus périlleux pour lui que celui des Conférences.

Quelque chose qui ne vient pas de l'homme mais d'une source plus haute, remuait incessamment cette grande âme. Elle voyait les maux qui déjà pesaient sur ses frères; les plus tristes symptômes annonçaient pour l'avenir, si on ne la conjurait, une situation plus déplorable encore: La vive foi qui le pénètre l'éclairera sur ce qu'il faut opposer à tant de dangers; et son dévouement sera à la hauteur de l'entreprise qu'il médite.

Qu'est-ce qu'une voix, se dit-il à lui-même, une voix surtout sans quelques échos assurés pour les générations qui viendront après la génération présente?

Les chefs des Diocèses, avec un zèle tout apostolique, s'efforcent, il est vrai, de multiplier les Pasteurs au milieu de troupeaux longtemps privés de soins et de nourriture. Mais quelles sont leurs ressources pour former les Prédicateurs et les Docteurs dont l'Eglise a besoin ? *Si rare ta-*

lent qu'un jeune homme ait reçu de Dieu, y a-t-il, en France, un Evêque qui puisse lui donner du temps? le temps qui est le père nourricier de tout progrès (1)?

Il est vrai encore que quelques membres d'un institut célèbre avaient reparu sur le sol Français venant merveilleusement en aide aux Pasteurs des Diocèses et des paroisses. Mais qui ignore que la mission principale de cet institut, avec l'œuvre généreuse des prédications lointaines, c'est l'œuvre de l'éducation de la jeunesse qui a porté dans ses mains de si précieux fruits de moralisation et de piété chrétienne?

Une institution spéciale de prédications manquait donc à la France : et c'est à la lui donner que l'abbé Lacordaire va désormais consacrer sa vie, tout ce qu'il y a en lui d'activité, d'énergie et de puissance apostoliques.

Voilà l'œuvre nouvelle qu'il se sent appelé à fonder. Il ne s'agit de rien moins, vous le savez, mes Frères, que de faire reparaître, en France, un de ces instituts monastiques contre lesquels, depuis un demi-siècle, s'étaient accumulées tant de préventions et tant de haines. Telle était, à cette époque, la disposition des esprits à l'endroit de tout ce qui paraissait être un retour à de vieux régimes, que le projet du grand Prédicateur de Notre-Dame fût jugé, par les plus bienveillants, une conception fantastique, ou même une tentative imprudente et dangereuse qui, en faisant naître de plus profondes méfiances, pouvait créer de nouveaux obstacles à la libre expansion de l'esprit religieux.

(1) Mémoire pour le rétablissement des Frères prêcheurs, p. 44.

Avant d'arrêter sa résolution, l'abbé Lacordaire s'était longtemps recueilli devant Dieu et dans le plus intime de son âme. De son œil profondément perçant, il avait vu, mieux que tout autre peut-être, les difficultés de tout genre contre lesquelles il lui faudrait lutter. Il savait que jamais, dans le monde, *on n'eût tant de peur d'un homme allant pieds nus et le dos couvert d'une casaque de méchante laine* (1).

Mais, en considérant les besoins impérieux de la société nouvelle et ce que Dieu avait mis dans son cœur pour en faire l'homme de son siècle, l'ami de ceux qui aiment le progrès et la liberté, il accueille comme venant du ciel une voix qui retentissait au fond de son être et qui disait sans cesse : Dieu le veut, Dieu le veut !

Oui, Dieu le veut, généreux athlète de la Religion du Christ, Dieu veut que, de vos deux mains, qui, tant de fois, ont rendu si entraînantes les paroles de salut qui sortaient de votre bouche, vous preniez l'humble étendard des ordres monastiques, et que, le promenant sur la terre libre de France, vous le fassiez respecter par ceux-là même qui l'avaient déchiré dans un autre temps, ou qui, avec une joie satanique, avaient hautement applaudi à sa chute.

C'est vous qui plaiderez la cause de la liberté pour tous en ce pays où la liberté individuelle est proclamée un principe. C'est vous qui défendrez le droit de préférer la vie commune à la vie individuelle, une vie de sainte fraternité à une vie qui n'est souvent que de l'égoïsme ; et votre

(1) Mémoire pour le rétablissement des Frères prêcheurs.

2

pays sera contraint d'écouter votre parole, parce que c'est la parole d'un de ses enfants nouveaux, réclamant sa part dans les libertés qu'il a conquises et que chacun a payées.

Grâce, en effet, à l'énergique langage de cet enfant généreux et sincère du XIXe siècle; grâce aussi, peut-être, à l'auréole de gloire qui ceint le front de l'homme de génie, le froc séculaire de saint Dominique se montra sans crainte dans nos cités, et la cause des Frères prêcheurs, qui était la cause de tous les ordres monastiques, fut gagnée sans retour.

Je n'ai pas besoin de vous dire, mes Frères, pourquoi l'abbé Lacordaire préféra, à tout autre institut, l'institut de saint Dominique ou des *Frères prêcheurs*.

Son nom seul qui lui fut donné par le chef de l'Eglise et qui indique l'objet principal de sa mission appelait déjà sa sympathie. Mais son origine providentielle et l'ensemble de ses constitutions ne lui permirent pas la moindre hésitation.

L'état de l'Eglise et de la société toute entière au XIIIe siècle préoccupait vivement quiconque, au milieu d'un débordement général, avait conservé le véritable esprit chrétien. L'esprit d'hérésie et de schisme, porté à sa plus haute puissance, favorisé d'ailleurs par l'ignorance et par le relâchement de la discipline ecclésiastique, propageait, dans le Midi de la France, l'ancienne erreur manichéenne qui tendait à envahir les divers pays de la chrétienté.

Les désordres enfantés par l'hérésie Vaudoise ou Albigeoise et les malheurs qui accompagnèrent sa sinistre apparition dans le monde, causaient aux vrais enfants de l'Eglise une anxiété profonde.

Mais tandis que de preux chevaliers et des princes magnanimes s'efforcent de réprimer, par les armes, les brigandages d'une secte hypocrite, se laissant, hélas! entraîner à des excès toujours regrettables, même à l'égard d'ennemis destructeurs de toute morale et de tout lien social, Dieu, qui n'a pas cessé de veiller sur son œuvre d'amour, suscite, pour sa défense, une nouvelle armée de combattants qui n'ont pour toutes armes que la prière, la prédication, un dévouement sans bornes et l'exemple d'une vie pauvre et dure.

Saint François-d'Assise et saint Dominique furent les pères de cette nouvelle milice qui devait opposer une digue infranchissable au torrent dévastateur.

Cette origine de l'Ordre Dominicain, les circonstances si graves dans lesquelles il fut établi, ont fait sur l'abbé Lacordaire une vive impression. Il voit de frappantes analogies entre la société actuelle et la société du XIIIe siècle, entre les besoins de notre temps et les besoins de cette ancienne période de l'Eglise. Il est convaincu, d'ailleurs, qu'aucun autre Institut ne va mieux à sa nature et à son but, qu'il ne saurait rien découvrir de plus nouveau, de plus adapté aux besoins présents, et il se dit que la même Providence qui a inspiré et soutenu saint Dominique pour la fondation de son œuvre, l'excite et l'encourage lui-même à le rétablir au milieu de nous. Il espère qu'il ne fera pas vainement appel aux âmes généreuses que l'humanité recèle, en tout temps, dans son sein, et que, si saint

Dominique a réussi à donner de savants et saints prédicateurs à l'Europe et au monde, il réussira lui aussi, sous la même impulsion divine, à en donner à la France, appelée à marcher à l'avant-garde des nations civilisées.

Vous le savez, mes Frères, l'appel du Père Henri-Dominique, des Frères prêcheurs, a été entendu. De toutes parts viennent se grouper autour du nouveau Religieux, des natures ardentes comme la sienne, saintement passionnées, capables de tous les sacrifices pour la cause de Dieu et le bonheur de leurs semblables. Tout impatientes qu'elles soient de se produire au combat, elles se condamnent avec bonheur à la solitude du cloître pour y préparer leurs armes, sous une habile direction, soit par de fortes études, soit par la pratique des plus austères vertus. Quelques années ont suffi pour que ces nouveaux fils de saint Dominique aient pu sillonner, en tous sens, toutes nos provinces, et les chaires de nos grandes cités retentissent, tous les jours, des accents de cette parole qui remue les cœurs, élève les intelligences, et qui constitue comme une éloquence à part, qu'on appellerait volontiers l'éloquence Dominicaine.

Il faut le reconnaître, mes Frères, le P. Henri Dominique a frappé juste au cœur de son siècle, en le dotant de cette Institution qu'un si grand nombre considéraient comme à jamais éteinte pour la France.

Pour que la prédication chrétienne reconquît dans le monde cet empire qui lui avait permis si longtemps de diriger les hommes dans les voies de la vérité et de la vertu, deux choses étaient nécessaires et elles se trouvent admirablement réunies dans les Religieux de saint Dominique. Il fallait, dans les chaires, un genre de prédication en rapport avec les besoins des temps nouveaux, et, dans les Prédicateurs, un genre de vie capable d'exciter l'attention et l'admiration des populations les plus indifférentes.

Les Prédications Dominicaines répondent aux vrais besoins des esprits. Si, au milieu de réunions pieuses, ou simplement croyantes, elles savent se réduire à la forme d'un prône tout pastoral ou d'une touchante homélie, elles restent à la hauteur de leur mission exceptionnelle, là où il s'agit de combattre les erreurs dominantes, de détruire des préjugés et de ramener à la foi des âmes souvent sincères qui veulent être convaincues.

A l'exemple de leur second fondateur, les Pères de saint Dominique s'adressent surtout et doivent s'adresser à cette classe d'hommes appelés par leur position ou par leurs lumières à exercer autour d'eux une grande influence. C'est de là, c'est de ces hommes, considérés comme l'élite de la société que doit partir le mouvement d'ascension qui élèvera les masses elles-mêmes au-dessus de la région des sens. Qui ne sait que les classes élevées, soit qu'elles montent, soit qu'elles descendent, entraînent inévitablement avec elles cette autre partie de la société non moins intéressante et plus nombreuse qu'on appelle le peuple, et que Dieu a faite pour la vérité aussi bien que l'esprit le plus cultivé et le plus grand génie.

Poursuivez donc votre œuvre, descendants de saint Dominique et du P. Lacordaire; restez fidèles à votre vocation. Entrez dans l'arène, et soutenez les saints combats de la vérité catholique, vous qui, dans votre retraite, avez largement puisé aux sources de la science divine et de toute science qui mène à Dieu. Montrez à ceux qui aiment la science et qui la cultivent, qu'il n'est pas de science plus digne de leur amour et de leurs efforts que la science de Dieu révélée par Jésus-Christ, et que l'intelligence humaine ne réalisera jamais ses immortelles destinées, si elle ne s'inspire aux sources de la doctrine évangélique.

C'est là, en effet, mes Frères, la vraie mission des Frères prêcheurs du XIXme siècle. Ils sont, pour la France entière, ce que sont, pour l'église de Paris, les Conférences de Notre-Dame : et le sympathique accueil, qui est fait partout à leur parole, démontre évidemment qu'elle est en rapport avec les besoins de notre temps.

Que dirai-je maintenant du genre de vie auquel se condamnent nos éloquents prédicateurs. C'est une chose digne de remarque, mes Frères, et qui n'a sûrement pas échappé à votre attention. Plus une société se laisse entraîner à la poursuite d'un intérêt égoïste, et aux jouissances du sensualisme, plus elle demande de sublime abnégation de la part de ceux qui lui parlent de Dieu et d'un monde surnaturel.

Jamais peut-être, comme de nos jours, on n'a été dévoré d'aussi insatiables désirs de bien-être matériel, et jamais non plus on n'a exigé des instituteurs des peuples une vie si austère, un si pur dévouement. Les descendants de saint Dominique se sont montrés à nos populations en ce costume sévère qui dit leur vie de perpétuelle abnégation, et les populations se sont émues. Les natures les plus oublieuses de leur Dieu, les plus insouciantes à l'endroit des intérêts à venir, ont consenti à prêter l'oreille à la voix de ces hommes qu'elles admirent, et auxquels elles permettent de leur prêcher contre les joies de la terre et pour les délices du ciel.

L'effet déjà produit sur les esprits par le double ascendant de la science et de la vertu des Pères Dominicains révèle au monde ce qu'on peut attendre de cette famille de Prédicateurs dans l'intérêt religieux et moral de la société.

Je n'ai pas tout dit, mes Frères, sur le bienfait de cette deuxième institution que la France et l'Eglise doivent au zèle du P. Lacordaire.

A l'exemple de saint Dominique, il appela en participation des grâces de l'institut monastique, une classe de personnes qui, tout en vivant au milieu du monde, s'engagent à pratiquer, selon la mesure de leurs forces et les facilités de leur position, les vertus des religieux eux-mêmes. Mais en relevant aussi le tiers-ordre Dominicain, il n'entendit pas seulement, comme au moyen-âge, offrir à une société affaiblie et corrompue, de frappants exemples d'une vie honnête et franchement chrétienne, il voulut surtout le consacrer à l'éducation de la jeunesse.

On sait que le P. Lacordaire faisait partie de cette phalange d'hommes sincères et énergiques, écrivains d'un mérite transcendant, qui, par vingt années d'éclatantes luttes, ont enfin conquis la plus précieuse de nos libertés, la liberté de l'enseignement. Ceux qui auraient été surpris de voir le plus grand orateur de la chaire chrétienne descendre tout-à-coup aux modestes fonctions de maître d'école, n'ont qu'à se rappeler l'importance qu'il avait toujours attachée à l'œuvre de l'éducation de la jeunesse.

Pour inspirer à ses Frères du tiers-ordre une plus haute estime pour les fonctions d'instituteur qui allaient être leur apanage, il se fait lui-même instituteur. Il s'installe en cette école de Sorèze que sa seule présence aurait régénérée, et à la direction de laquelle il consacre les derniers efforts d'une carrière qui était loin d'être à son déclin.

L'état brillant et prospère dans lequel il a laissé, en mourant, cette école et sa sœur d'Oullins, non moins célèbre, dit assez que le succès a couronné son entreprise du tiers-ordre ; et ainsi, cette deuxième branche de la famille Dominicaine a été mise en possession d'une œuvre aussi importante peut-être que l'œuvre des Frères prêcheurs.

En présence de cette double institution, mes Frères, vous proclamerez grand par ses œuvres celui qui en est le fondateur, et vous lui appliquerez ces premières paroles de mon texte : *Quam magnus qui invenit sapientiam et scientiam.*

Habitants de Mazères, il était digne de vous de faire un accueil sympathique et chaleureux aux enfants de saint Dominique et du P. Lacordaire. Grâce, en partie, à la foi qui vous anime et à l'enthousiasme qu'elle produit dans vos âmes, une portion de la famille Dominicaine est désormais acquise au diocèse de Pamiers. Soyez bénis, paroisse de Mazères et son digne pasteur ! L'église Cathédrale vous a déjà bénis pour la consolation que lui apportait naguère une voix éloquente et apostolique venue d'auprès de vous. Ainsi vous béniront à l'envi toutes nos populations, à mesure qu'il leur sera donné d'entendre la parole de vos saints Prédicateurs. Mais vous recevrez surtout les bénédictions de notre premier Pasteur ! Il n'oubliera jamais le concours que vous lui prêtez pour une œuvre qui intéresse si vivement son cœur de Pontife et de Père, parce que, à cette œuvre, se rattache le salut d'un grand nombre de ses enfants.

Après avoir considéré et admiré les œuvres de l'homme illustre auquel, vous et moi, nous sommes venus rendre hommage, nous avons à contempler, en elle-même, cette existence qui excite de si vives sympathies, à examiner si Henri-Dominique Lacordaire ne s'est pas montré aussi grand par sa vie que par ses œuvres.

L'humanité est soumise à trois grandes faiblesses que saint Jean et l'Eglise appellent les trois concupiscences du monde. Celui qui se laisse entraîner par ces faiblesses, obéit aux penchants vicieux créés en nous par le péché et s'éloigne de la vraie destinée, et, par conséquent, de la vraie grandeur de l'homme. Le Christianisme, en nous replaçant dans les conditions de notre existence primitive, nous a fait connaître la vie qui doit se substituer à la vie de l'homme déchu et qui est exprimée par cette seule parole : vous aimerez Dieu de tout votre cœur et votre prochain comme vous-même pour l'amour de Dieu.

D'après cette règle, on se montre d'autant plus grand que l'on sait plus complètement se soustraire à la triple concupiscence et s'élever davantage à la pratique de la charité.

Je n'aurai pas de peine, mes Frères, à mettre en lumière ces deux caractères de grandeur et de sainteté dans la vie du R. P. Lacordaire.

Montrons d'abord à quel degré il s'est soustrait aux trois grandes faiblesses de l'humanité, à la passion des richesses, à l'amour des plaisirs, à l'entraînement de l'orgueil : *Concupiscentia oculorum, concupiscentia carnis, superbia vitæ* (1).

Quelle fut son impression à l'égard des richesses, de ce qui est, pour un si grand nombre, l'objet d'incessantes préoccupations et d'insatiables désirs ?

Il est au début de sa carrière. Doué des plus brillantes facultés, il peut, sans illusion et sans présomption, compter sur ce qu'on appelle un bel avenir dans le monde. La carrière du barreau s'ouvre devant lui avec la plus séduisante perspective. Des succès peu ordinaires, déjà obtenus par un avocat de vingt ans, autorisent les plus beaux rêves. Poursuivra-t-il la réalisation de ces rêves ? Non. L'esprit de Dieu vient de souffler sur lui, et sa foi

______

(1) I Jean 2.

religieuse, qui avait déserté son adolescence, a reparu dans son cœur. Dès ce moment, cette âme, d'une trempe exceptionnelle, ne se trouve plus à l'aise que dans les régions de l'infini. Il s'éloigne de ce monde qui n'est plus à ses yeux qu'un vain théâtre d'ambitions trompées ou satisfaites, et il n'aspirera plus qu'à vivre de la vie humble et pauvre d'un ministre de Jésus-Christ. L'amour de la pauvreté grandira tellement dans cette âme, qu'il lui faudra porter jusqu'à la dernière limite l'esprit de dépouillement et d'abnégation. Il se fera religieux : il se liera par ce vœu solennel de pauvreté qui ne lui permettra de rien posséder, ni dans le présent, ni dans l'avenir.

Ne vous étonnez pas, mes Frères. Il a médité, en les creusant, ces trois mots qui devraient arracher tous les hommes à la cupidité terrestre : *Bienheureux les pauvres en esprit* (1). Et cette méditation lui donne de si vives lumières ; elle le pénètre d'un si grand enthousiasme qu'il s'écrie : *L'âme qui a entendu une fois cette parole y reviendra toujours* (2). Voilà pourquoi il veut la faire entendre à la jeunesse de son siècle, et à l'homme mûr, et au vieillard encore aveuglé sur la valeur des choses d'ici-bas.

Devenu pauvre en réalité autant qu'en esprit, il pourra hautement prêcher cette sublime doctrine qui est, à elle seule, une économie sociale supérieure à toutes celles que l'homme pourrait inventer. Il la montrera anoblissant le travail et la peine, faisant de la pauvreté une profession aussi utile que sainte ; et, soit par sa parole, soit par un

(1) Ev. s. Matth. 5. — (2) Lettres du P. Lacordaire.

frappant exemple de pauvreté volontaire, il contribuera à anéantir, dans les masses, cette fièvre ardente de richesses, cause de tant de douleurs, de tant de hontes et de tant de crimes.

Ne craignez pas qu'il s'abandonne davantage à l'amour des plaisirs et à l'entraînement des sens.

Avant même que la foi n'eût repris sur lui son bienfaisant empire, élève de l'école de droit, ou stagiaire du barreau de Paris, il avait fixé sa tente sur les sommets élevés de la littérature et de l'honneur. L'amour du travail engendrait en lui l'amour de la solitude et le tenait également éloigné des jouissances extérieures et des relations dangereuses. Aussi ne sera-t-il pas effrayé des austères obligations de la vie du prêtre, lorsque la grâce de Dieu viendra le chercher pour le conduire dans le sanctuaire. S'il éprouve quelques regrets, ne croyez pas qu'ils aient pour objet cette vie d'effroyable licence à laquelle on dirait que la jeunesse de notre siècle est fatalement vouée. Nature d'élite par le cœur autant que par l'intelligence, ses instincts, ses aspirations, ses sentiments sont élevés comme ses pensées. Une vie d'ange n'est pas au-dessus de ses penchants, pas plus qu'elle ne dépassera la puissance qu'il puisera dans la grâce divine. Entendez-le disant à un jeune homme sur lequel la beauté extérieure faisait une trop vive impression : *Depuis que j'ai connu Jésus-Christ, rien ne m'a paru assez beau pour le regarder avec concupiscence* (1).

Depuis qu'il a connu Jésus-Christ, mes Frères, non-

(1) Lettres du P. Lacordaire à des jeunes gens.

seulement il a pu voir sans émotion et sans trouble la beauté des créatures; mais, pour exercer sur ses sens une domination plus absolue, il se condamnera à la monotonie et aux continuelles privations de la vie du cloître; il fera une impitoyable justice de tout ce qui peut flatter le goût et la mollesse; il réduira son corps à la servitude, à l'exemple de saint Paul et de tant d'autres Apôtres appelés, comme lui, à prêcher à un monde corrompu la sublime morale de l'Evangile.

Ah! Dieu l'a vraiment destiné à exercer ce genre d'apostolat au sein de cette société dévoyée, qui perdrait bientôt dans les plus grossiers plaisirs jusqu'au sentiment de sa supériorité sur la brute. Ce siècle de volupté sera mis en présence de ses œuvres, de la dégradation des sens et de l'intelligence, de la flétrissure de la jeunesse, de l'oppression de la femme, de la dissolution de la famille. Et la même voix, qui aura montré l'abîme où conduit la passion du plaisir, décrira, avec un charme divin, *les joies et les douceurs de l'union sacrée des âmes, sous le joug de l'amour chrétien, et dira ce que peut la vertu pour soutenir les défaillances du cœur contre les retours et les hasards des ans* (1).

Lorsqu'on a lu les deux Conférences de Notre-Dame sur la charité et les six Conférences de Toulouse sur la vie des passions et sur la vie surnaturelle, on ne sait qu'admirer le plus en l'illustre orateur, ou des ressources inépuisables de son génie, ou de cette exquise délicatesse de pensées et de sentiments qui trahissent, à chaque instant, l'âme la plus

(1) Deuxième Conférence de Toulouse.

pure, la plus complètement détachée de tout ce qui tient à la vie des sens. Lisez ces Conférences, mes Frères, et puis dites-nous si vous n'êtes pas touchés par cette magnifique parole sortant de la bouche mourante du P. Lacordaire : *Avant d'aimer Dieu, je n'ai aimé que la gloire, rien autre chose* (1).

Nous voici en présence de la troisième grande faiblesse de l'humanité, la passion de la gloire, ou comme dit saint Jean, l'orgueil de la vie, *superbia vitæ.*

Henri Lacordaire, insensible à la richesse, indifférent aux plaisirs des sens, ne cherchera-t-il pas, du moins, la gloire, cette passion des grandes âmes?

Vous l'avez entendu, mes Frères ; avant d'aimer Dieu il aimait la gloire ; et il l'aurait, sans doute, aimée toute sa vie, il l'aurait ardemment recherchée, si son cœur n'eût trouvé un objet plus digne de son amour, s'il n'eût entendu l'homme-Dieu disant lui-même : *Je ne cherche pas ma propre gloire. Non quæro gloriam meam* (2).

Oui, la gloire est la passion des grandes âmes ; et l'humanité est toute disposée à jeter un voile sur bien des faiblesses, dès qu'elle aperçoit de grands dangers affrontés pour une belle cause, de grandes œuvres accomplies ou seulement entreprises par la passion de la gloire. Elle décerne l'immortalité à quiconque sait s'élever au-dessus de ses semblables par un pur amour de l'élévation, pourvu qu'on ne fasse pas le moindre sacrifice à sa conscience, à sa dignité ou à son honneur.

Mais ce genre d'immortalité ne va plus au cœur chré-

____

(1) Lettres du P. Lacordaire. — (2) S. Joann. 8.

tien de Lacordaire. Il se sent à l'étroit dans ces horizons nécessairement limités de l'espace et du temps. D'ailleurs, dans cette passion de la gloire humaine, si élevée qu'elle soit au-dessus de la passion des richesses, au-dessus de la passion des plaisirs, il ne voit encore qu'une autre grande faiblesse de l'humanité ; et, malgré ses primitives tendances, il ne lui sacrifiera aucune de ses œuvres, aucune de ses aspirations. Non-seulement il la combattra dans son cœur et la repoussera comme un objet indigne de son amour ; mais, en mettant à nu le principe égoïste qui la produit, il la montrera dépouillée du caractère de la vraie grandeur, *et, loin d'honorer l'humanité, faisant à l'amour-propre de tous, de magnifiques insultes.*

Qu'est donc devenu, dans le P. Lacordaire, cet amour de la renommée et de la gloire qu'il dit avoir été l'unique amour de sa vie, avant que sa vie ne fût chrétienne ? Ne peut-il pas subsister sous l'humble habit du prêtre, ou même sous le froc plus humble encore du religieux ? Hélas ! mes Frères, nous savons trop que, sous le plus humble habit, peut vivre et se développer un immense orgueil. Nous pleurerons longtemps la déchéance d'un homme que le P. Lacordaire appelait son ami et son père, que l'Eglise avait salué son glorieux défenseur, et qui s'est fait, par orgueil, le plus irréconciliable ennemi de cette Eglise, dont il avait si magnifiquement dit l'infaillible autorité. Mais, si un génie en révolte nous a causé une immense tristesse, l'humble soumission d'un autre génie, comme nous le raconterons bientôt, nous a abondamment consolés et édifiés.

Lacordaire chrétien cherchera encore la gloire, mes Frères, mais ce ne sera pas la gloire de l'orgueil satisfait au milieu des triomphes de son éloquence : ce ne sera pas la gloire de l'égoïsme *se ramassant en soi pour opprimer tout le reste* (1); ce sera la gloire du dévouement de soi aux autres, du sacrifice de tout son être à la sainte cause de Dieu ou des peuples.

S'il accepte des honneurs qu'il n'a ni sollicités, ni convoités, c'est parce qu'ils lui fournissent une occasion nouvelle de se dévouer pour son pays, ou qu'ils pourront être un hommage rendu à Dieu dans la personne d'un de ses ministres.

Tout pour Dieu et son Eglise; tout pour le bonheur de ses semblables. Voilà sa devise, mes Frères, et ce qu'il me reste à vous montrer.

D'ordinaire, les grands esprits épuisent toute leur force dans leurs pensées, et ils ne peuvent plus donner à leur cœur qu'un branle affaibli et secondaire. L'illustre conférencier de Notre-Dame faisait un jour cette remarque à son auditoire, auquel il présentait Jésus-Christ comme une exception à jamais mémorable et qui ne saurait être reproduite que de loin par ceux qui le prennent pour le maître de leur âme.

Il n'est pas rare, mes Frères, qu'on rencontre des hommes s'étonnant d'entendre parler de la piété vive et tendre du R. P. Lacordaire. Plus ils lui attribuent de puissance et de hardiesse dans ses conceptions et dans l'art de bien dire, moins ils le supposent capable de ces doux

(1) 21ᵐᵉ Conférence de Notre-Dame.

entretiens de l'âme qu'ils pensent être l'apanage exclusif
des esprits vulgaires, ou des vies inoccupées. Que le cœur
reste sec en ces hommes vains et superbes qui, ne sa-
chant s'élever vers Dieu, sont absorbés par les œuvres
de leur orgueil, et voient l'humanité si loin au-dessous
d'eux, on le conçoit, et on ne le voit que trop souvent.
Mais, lorsqu'une haute intelligence, amenée à s'exercer
sur les grands mystères de Dieu et sur les rapports de
Dieu avec l'homme, s'est trouvée en présence d'un Dieu
caché dans notre chair, vivant et conversant avec nous,
souffrant et mourant pour nous sur une croix, ne craignez pas que la puissance d'aimer disparaisse au milieu
de ses profondes méditations; ce sont ces méditations
même qui produiront et développeront jusqu'à l'extase le
sentiment de l'amour : avec saint Paul on s'écriera : *Rien,
désormais, ni la mort ni la vie, ni aucune créature ne
pourra nous séparer de la charité de Dieu, qui est dans
le Christ Jésus Notre-Seigneur* (1).

Le P. Lacordaire ne sait plus vivre, quant à lui, que
de l'amour de son Dieu et Sauveur Jésus-Christ. Il le
cherche et le trouve partout, dans ses travaux d'esprit et
dans ses œuvres de zèle. C'est vers lui que convergent
toutes ses pensées, comme vers lui se précipitent toutes
les ardeurs de son âme. Il attache un prix infini aux
longues heures qu'il sait trouver, le jour et la nuit, pour
la prière publique, et pour le silence de l'âme en contem-
plation de nos mystères divins.

Souffrir avec Jésus-Christ pour sa gloire, disait-il,

______
(1) Ep. aux Rom., 8.

comprenez-vous ce qu'il doit y avoir là de bonheur, de joie et d'extase. Être attaché à un poteau et fouetté jusqu'au sang pour l'amour de Jésus-Christ et le salut des hommes, ne l'avez-vous jamais désiré (1)? On n'écrit pas ces lignes, mes Frères, lorsqu'on n'est pas soi-même dévoré de l'amour divin.

Entendez encore : « Tandis que l'âge et les moindres accidents troublent nos plus chères amitiés, l'amour de Dieu par Jésus-Christ s'alimente de tous nos malheurs et de toutes nos faiblesses. On peut le perdre au sortir de l'enfance, parce qu'on ne l'a conçu que par autrui, sur les genoux de sa mère. Mais lorsqu'une fois, il nous est devenu propre, le fruit de notre expérience et de notre virilité, rien n'en ébranle plus en nous les chaudes certitudes. Il remplace ce qui s'y amoindrit et s'y décolore chaque jour. Il habite dans nos ruines pour les soutenir, dans nos abandons pour les consoler; et, lorsqu'enfin, nous touchons aux sommets blanchis de la vie, dans la région des glaces qui ne se fondent plus, il est notre dernière chaleur et notre suprême aspiration. Nos yeux ne peuvent plus voir, mais ils peuvent encore pleurer, et ces larmes sont pour le Dieu qui en versa lui-même pour nous (2). »

Du même amour qu'il aimait le Sauveur Jésus, le P. Lacordaire aimait la sainte Église, fruit de ses divins abaissements et de son sacrifice sur la croix.

Il est facile de voir que la grande préoccupation de sa vie, c'était de montrer aux hommes ce chef-d'œuvre de

(1) Lettres. — (2) 5ᵉ Conf. de Toulouse.

sagesse et d'amour qu'un si grand nombre s'obstinent à méconnaître, ou qu'ils n'accueillent qu'avec une mortelle indifférence.

Il aimait et préconisait l'Eglise, pour la gloire de son fondateur d'abord. Son cœur bondissait en présence de cet effroyable scandale d'ingratitude par lequel le genre humain répond au plus grand don que Dieu ait fait à la terre.

Il aimait l'Eglise et la préconisait à cause des immenses trésors de lumière que Jésus-Christ a mis en elle pour le bonheur des peuples, à cause de son autorité souveraine et infaillible qui garantit de toute erreur doctrinale les esprits les plus hardis et les plus aventureux, lorsqu'ils acceptent sa maternelle direction.

Il aimait l'Eglise et la préconisait, parce qu'en entrant dans l'Eglise et en adhérant au témoignage divin dont elle est dépositaire, l'homme, quel qu'il soit, ignorant ou savant, est élevé à la pleine raison, et qu'il arrive à la lumière divine, par laquelle il voit la sagesse de ce qu'il croyait folie, et la folie de ce qu'il croyait sagesse.

Il aimait l'Eglise, mes Frères, parce qu'elle est comme un infini réservoir de grâces célestes et d'ineffables consolations pour toutes les faiblesses et pour toutes les douleurs; parce que c'est d'elle que sortent tous les dévouements, tous les apostolats, tous les martyres qui ont sauvé le monde et qui le garantissent contre les désastres de la corruption et de l'ignorance.

Il l'aimait comme un enfant doit aimer sa mère, de cet amour ardent et généreux qui porte à tous les sacrifices, jusqu'à celui de soi-même. Henri Lacordaire, presqu'au début de sa carrière sacerdotale, combattait pour la liberté avec l'énergie et l'éclat d'un écrivain déjà consommé à l'œuvre. Il avait placé son nom sous la protection d'un nom alors plus grand que le sien; il avait uni ses efforts aux efforts d'un homme qu'il avait d'abord considéré comme un Père de l'Eglise. Un jour, en présence de la scission qui se faisait, surtout dans les rangs du Clergé, et pour la faire cesser, ces deux hommes, avec l'assentiment de leurs célèbres collaborateurs, suspendent l'œuvre d'émancipation religieuse et sociale qu'ils ont entreprise; et, s'acheminant vers la Ville éternelle, vont soumettre leurs pensées au chef de l'Eglise, protestant d'avance de leur fidèle soumission à la décision de cette autorité irrécusable. Lorsque la décision pontificale intervint, l'un de ces hommes se montra rebelle : l'autre donna au monde catholique l'exemple d'une soumission sans réserve. On sait qu'en se séparant d'un ami dont il ne lui était plus permis désormais de partager les pensées, il lui adressait ces paroles dignes de remarque : sans renoncer à mes idées libérales, je comprends et je crois que l'Eglise a eu de très sages raisons, dans la profonde corruption des partis, pour refuser d'aller aussi vite que nous l'aurions voulu (1).

Ce fut là, mes Frères, le grand moment de la vie de l'abbé Lacordaire. Son voyage à Rome et cet hommage solennel de soumission, offert au Saint-Siége et à Dieu, fixèrent la voie que suivrait inévitablement cette intel-

(1) Lettres.

ligence capable de si grandes choses. Sur la parole du vicaire de Jésus-Christ, il se retira du tourbillon fatal de la politique, pour ne plus se mêler que des choses de Dieu, et par les choses de Dieu, travailler au bonheur lent et futur des peuples. Il alla, mes Frères, jusqu'à déclarer hautement, ce sont ses expressions, « qu'il ai-« merait mieux se jeter à la mer, avec une meule de « moulin au cou, que d'entretenir un foyer d'espé-« rances, d'idées, de bonnes œuvres mêmes, à côté de « l'Eglise (1). »

Près de trente ans se sont écoulés depuis que l'abbé Lacordaire, à l'âme si fière, prit, à la face du monde, cette attitude noble et résolue de dépendance et d'amour à l'égard de l'Eglise. Veuillez le remarquer, mes Frères, aucun acte de sa vie, aucune parole sortie de sa bouche ou de sa plume, ne sont venus contredire ces dispositions si franchement catholiques ; et malgré la sympathie quelquefois imméritée que lui inspirent des peuples réclamant plus d'indépendance ou de liberté, il fait entendre au seuil du tombeau, ces paroles aussi précises qu'énergiques : Je suis pour le Saint-Siége contre ses oppresseurs. Je crois à la nécessité morale de son domaine temporel. Je le plains des maux qu'il souffre, et je donnerais pour lui jusqu'à la dernière goutte de mon sang (2).

Ces paroles, que nous sommes heureux de reproduire et qui font écho à tant de cœurs chrétiens, imposeront silence aux ennemis de l'Eglise qui osaient invoquer l'au-

(1) Lettres. — (2) Id.

torité de l'illustre Dominicain à l'appui de leurs odieuses et injustes prétentions.

Voilà donc jusqu'où le P. Lacordaire a porté son dévouement et son amour pour Jésus-Christ et sa sainte Eglise.

En peu de mots, nous allons voir, mes Frères, ce qu'à été son amour pour ses semblables.

« Une fois chrétien, nous dit-il lui-même, le monde « ne s'évanouit point à mes yeux. Je vis en lui un grand « malade qui avait besoin qu'on lui portât secours, une « illustre infortune composée de tous les malheurs des « siècles passés et à venir, et je ne connus rien de com- « parable au bonheur de le servir, sous l'œil de Dieu, « avec l'Evangile et la Croix de son Fils (1). »

Tel est, après le besoin de servir son Dieu, le puissant mobile qui le poussera aux grandes œuvres que vous connaissez, et à une vie de prière, de travail, de mortification chrétienne et d'incessantes sollicitudes.

Son âme, aimante par nature, avait trouvé dans Jésus-Christ de nouvelles raisons d'aimer les hommes ; et s'il bénissait Dieu sans cesse de ce qu'il l'avait conduit au sacerdoce, c'est parce que Jésus-Christ, mourant sur la Croix pour le salut des hommes, était pour lui l'idéal divin du prêtre.

Aussi poursuivait-il ses œuvres de dévouement avec une énergie qu'aucun obstacle humain ne pût affaiblir. Nul homme ne s'est rencontré peut-être en présence de tant d'attaques et de tant de sortes d'adversaires. Nul, en

(1) Fragment de ses mémoires inédits.

accomplissant de saintes œuvres, n'a eu à subir d'aussi douloureuses épreuves, de la part de ceux-là même qui auraient dû applaudir à son zèle. Mais le zèle du saint Apôtre ne se démentira pas. A l'exemple de saint Paul qu'il aimait tant à lire et à imiter, il sacrifiera volontiers toutes choses, il se sacrifiera lui-même, il acceptera l'anathème pour le salut de ses frères : *Ego autem omnia impendam et super impendar ipse pro animabus vestris* (1).

Remarquons bien, mes Frères, que le zèle du P. Lacordaire, tout ardent qu'il fût, a toujours été un zèle de compassion et de douceur, et nullement ce zèle impitoyable et désespérant si contraire à tous les sentiments honnêtes et surtout au véritable esprit de l'Evangile. C'était le zèle de la vraie charité qu'il puisait incessamment dans les mystères de l'amour de Jésus pour tous les siens. *Je ne puis plus aimer quelqu'un*, disait-il, *sans que l'âme se glisse derrière le cœur et que Jésus-Christ soit de moitié entre nous* (2).

Pourrions-nous oublier de signaler les délicatesses de son zèle ou plutôt de son amour pour ceux qu'il avait engendrés en Jésus-Christ. Il suivait de l'œil du cœur ces jeunes hommes auxquels il avait donné l'Evangile, et rien ne pouvait arracher de sa mémoire de Père et de Prêtre leur souvenir chéri. Entendez ce que nous a révélé naguère un illustre confident de ses pensées : « Le P. La- « cordaire était à deux cents lieues de sa maison de So- « rèze. Un de ses anciens amis veut le retenir un jour de

(1) 2 Cor. 12.
(2) Lettres du R. P. Lacordaire à des jeunes gens.

« plus pour un motif important et délicat : Non, répondit-
« il, je ne puis rester. Cela ferait peut-être manquer la
« confession de quelques-uns de mes enfants pour la fête
« prochaine. On ne peut calculer l'effet d'une communion
« de moins dans la vie d'un chrétien (1). »

Enfin, mes Frères, je veux vous dire comment le P.
Lacordaire entendait et pratiquait l'amitié.

Rien n'est ravissant comme le langage dont il usait
envers ses amis. Il voulait qu'ils oubliassent jusqu'aux
titres qui commandent le respect : « L'amitié, dit-il, dé-
« borde de sa nature, la paternité ; elle suppose une bien-
« veillance d'une nature plus épanchée et plus libre......
« Si votre cœur est réellement penché vers le mien, lais-
« sez-le suivre simplement son cours naturel : parlez-moi
« et écrivez-moi comme à votre égal. Je suis plus âgé que
« vous ; et si l'âme était sujette du temps, ce serait une
« disproportion sans remède. Quant au reste, si Dieu
« donne quelque talent ou quelque renommée, c'est bien
« peu de chose, vous le savez ; et rien ne serait plus
« affreux que la gloire, si elle mettait obstacle à l'affec-
« tion. Oubliez donc ce que je dois oublier moi-même et
« qui n'est rien au prix de la vertu. Nous connaissons et
« nous aimons Dieu l'un et l'autre : c'est là ce qui met
« entre nous une éternelle égalité (2).

Il m'en coûte, mes Frères, d'en finir si tôt avec ces
révélations si touchantes de ce qu'offre à notre admiration le cœur aimant du P. Lacordaire. Mais je sens

(1) Le P. Lacordaire par M. de Montalembert.
(2) Lettres du P. Lacordaire.

que j'ai trop abusé de votre bienveillante attention, et je
me borne à mettre sous vos yeux un récit qui ferait com-
prendre, à lui seul, combien le P. Lacordaire aimait ses
Frères, quoiqu'il n'y soit question que de l'amour que
ses Frères avaient pour lui.

« Durant les derniers jours de sa vie, il y avait en
« France peu de communautés religieuses où on ne priât
« pour sa guérison. On priait surtout dans toutes les
« Maisons de l'Ordre.

« A Saint-Maximin, les jeunes Novices renouvelaient
« les saintes extravagances des vieux âges de la foi. Les
« uns se meurtrissaient à monter, pieds nus, les sentiers
« rocailleux de la Sainte-Baume, les autres passaient les
« nuits devant le très Saint-Sacrement ; et à l'exemple de
« saint Dominique, les larmes ne leur suffisant pas, mê-
« laient leur sang à leurs prières, satisfaisant ainsi,
« autant qu'ils le pouvaient, cette soif d'immolation qui est
« la moitié généreuse de l'amour. Tous auraient donné,
« de grand cœur, leur vie pour celle de leur Père.... Au
« soir du neuvième jour de ces pieuses folies, tous les
« religieux allèrent, pieds nus, prendre les reliques de
« sainte Madeleine ; et s'avançant, à la lueur des flam-
« beaux, dans les profondeurs des cloîtres, ils chantaient
« les versets des Psaumes les plus suppliants, s'arrê-
« tant par intervalles, pour élever plus haut leurs plaintes
« et leurs gémissements. Une grande partie de la nuit se
« passa à ces cérémonies d'un ineffaçable souvenir. On
« voulait un miracle ; on croyait que Madeleine obtien-

« drait encore cette fois la résurrection d'un autre
« Lazare (1). »

Il n'entre pas dans le dessein de Dieu d'opérer ce miracle. Son serviteur s'était montré suffisamment grand aux
yeux des hommes, soit par ses œuvres, soit par sa vie.
Il le trouva lui-même suffisamment grand pour occuper,
même au ciel, un rang supérieur, au milieu des Elus.

Ne nous bornons pas, mes Frères, à admirer les
œuvres ou même la sainte vie de l'illustre Dominicain.
S'il est des grandeurs auxquelles nous ne pouvons pas
atteindre, il en est d'autres que la grâce de Dieu rend
accessibles à tout chrétien. Qui de nous ne peut passer
sa vie dans la crainte du Seigneur et le respect de sa loi ?
Rien ne dépasse cette grandeur. *Non est super timentem
Dominum.*

Que le grand exemple que nous avons sous les yeux
nous soit, à tous, une leçon et un encouragement sa-
lutaires. Au souvenir de cette intelligence si puissante et
de cette nature si fière qui se réfugient sous le saint joug
de l'Evangile et de l'Eglise, parce que là, seulement, on
peut trouver avec certitude un foyer de lumière et
d'amour ; faisons gloire, nous aussi, de ne vivre que sous
le joug divin de la foi, repoussant énergiquement tous les

(1) Les derniers moments du P. Lacordaire, par un Dominicain,
page 25.

autres jougs, celui d'une philosophie qui, depuis quatre mille ans qu'elle s'est produite, n'a jamais été sûre d'elle-même sur un seul point de sa doctrine, et celui plus humiliant encore d'un respect humain qui s'impose aux natures faibles ou dégénérées.

Inspice et fac secundùm exemplar : Regardons encore ce modèle, et mettons-nous à l'œuvre; luttons avec courage contre la triple concupiscence, qui fait aujourd'hui tant de victimes et qu'il a si vaillamment domptée. Plaisirs de la vie, richesses de la terre, gloire humaine, qu'est-ce que tout cela pour des chrétiens surtout qui ont le droit de porter si haut leurs pensées et leurs aspirations? Qu'importerait, mes Frères, que votre nom résonnât avec honneur parmi les hommes et jusques dans la postérité la plus reculée, s'il n'était inscrit au livre des récompenses éternelles? Qu'importerait, comme l'a dit le Sauveur lui-même, qu'on se rendît maître du monde entier, si on venait à perdre son âme? A l'exemple de notre illustre défunt, qu'on n'accusera pas d'avoir été un esprit faible, occupons-nous de notre âme et de ce qui peut la conduire à sa vraie destinée. Aimons Dieu et la sainte Eglise; aimons nos frères comme nous-même, et cette vie d'amour sera la garantie et une sorte d'avant-goût de la vie du ciel. Ainsi soit-il.